ASSEMBLÉE PROVINCIALE
DE
LA GÉNÉRALITÉ D'AUCH,

Convoquée au 19 Novembre 1787.

Monseigneur l'Archevêque d'Auch, Président.

LE Sieur de Boucheporn, Intendant & Commissaire départi en la Généralité d'Auch, & Commissaire de Sa Majesté à l'Assemblee provinciale de ladite généralité d'Auch, convoquée par les ordres du Roi, au dix-neuf Novembre, présent mois, en la ville d'Auch ;

Fera connoître à ladite Assemblée provinciale que Sa Majesté, en donnant le Règlement du 12 Juillet 1787, pour la formation de ladite Assemblée provinciale, & de celles qui lui sont subordonnées, a annoncé ce Règlement comme provisoire pour deux années, à l'expiration desquelles Elle expliqueroit définitivement ses intentions ; & par celui du 5 Août dernier, relatif aux fonctions de ces différentes Assemblées & à leurs rapports avec son Commissaire départi, Elle s'est réservé d'y faire successivement les changemens que lui inspireroit sa sagesse.

Sa Majesté ayant reconnu qu'il étoit utile & in‑

dispensable qu'Elle manifestât dès-à-présent ses inten-
tions sur quelques-uns des articles de ces Règlemens
qui lui ont paru exiger des développemens & quelques
interprétations : Elle a chargé son Commissaire de les
notifier à l'Assemblée.

PREMIÈRE PARTIE.

§. PREMIER.

Du Cérémonial, des formes de la tenue de l'Assemblée
provinciale & des Assemblées d'Élection, des fonc-
tions des différens Membres ou Officiers desdites
Assemblées, & autres objets relatifs à leurs
formation & organisation intérieures.

Du Commissaire du Roi.

L E sieur Intendant, Commissaire du Roi, sera
prévenu en son hôtel, par deux Membres de
l'Assemblée choisis par le Président, l'un dans le
Clergé ou la Noblesse, & l'autre dans le Tiers-
état, que l'Assemblée est formée ; & il sera in-
vité par eux à venir en faire l'ouverture.

Le Commissaire du Roi se rendra à l'Assemblée
en robe de cérémonie du Conseil & précédé de
ses Hoquetons : arrivé au lieu des séances, il
sera reçu au pied de l'escalier par les deux
Procureurs-syndics ; au haut de l'escalier, par
une députation de quatre Membres choisis par
le Président, l'un dans le Clergé, un autre dans
la Noblesse, & les deux autres dans le Tiers-état.

Le Commiſſaire du Roi ſera reçu dans l'Aſſemblée, tous les Membres, autres que ceux formant la députation, étant à leurs places, debout & découverts.

Le Commiſſaire du Roi ſera conduit à un fauteuil d'honneur élevé d'un degré & placé au milieu de l'Aſſemblée, vis-à-vis de celui du Préſident qui ſera auſſi élevé dun degré, & en avant du Bureau des Procureurs-ſyndics & du Secrétaire-greffier.

Il ſera reconduit avec les mêmes honneurs. Le même cérémonial ſera obſervé pour la clôture de l'Aſſemblée, & toutes les fois que le Commiſſaire du Roi entrera à l'Aſſemblée pour y faire connoître les intentions de Sa Majeſté.

Le lendemain de l'ouverture de l'Aſſemblée, il ſera fait une députation compoſée de quatre députés, au Commiſſaire du Roi, pour le ſaluer de la part de l'Aſſemblée.

Toutes les fois qu'il ſera fait mention, dans le Procès-verbal, du ſieur Intendant, relativement à ſes fonctions vis-à-vis de l'Aſſemblée, pendant le cours de ſes ſéances, il ſera déſigné dans le Procès-verbal, ſous le titre de *M. le Commiſſaire du Roi.*

Lorſqu'il ſera queſtion d'opérations antérieures à l'Aſſemblée, ou qui devront la ſuivre, Sa Majeſté veut que ſon Commiſſaire départi ne puiſſe être défigné dans le Procès-verbal , les Rapports & autres Actes de l'Affemblée , que fous le nom de *M. l'Intendant.*

§. I I.

Du Préfident.

LE Préfident fera l'organe de l'Affemblée pendant le cours de fes féances ; c'eft par lui qu'elle correfpondra avec le Confeil de Sa Majefté.

Les Procès-verbaux des féances de l'Affemblée feront, jour par jour, fignés du Préfident feul, & contre-fignés du Secrétaire-greffier; celui de la dernière féance fera figné de lui & de tous les Membres de l'Affemblée.

La Commiffion intermédiaire étant entièrement fufpendue & n'exiftant plus pendant l'Affemblée, tous les paquets de la Cour & autres, adreffés, foit à l'Affemblée, foit à ladite Commiffion intermédiaire, feront ouverts dans l'Affemblée par le Préfident.

Les adjudications qui feroient paffées , pendant le cours des féances de l'Affemblée , feront fignées du Préfident feul & contrefignées par le Secrétaire - greffier.

Les mandats de payement à expédier pendant la tenue de l'Affemblée , feront fignés du Préfident & des Commiffaires du Bureau des fonds & de la comptabilité , & contrefignés par le Secrétaire - greffier.

Le Préfident nommera toutes les Députations, propofera la compofition des Bureaux, ainfi qu'il fera ci-après expliqué, & il fera de droit Membre de tous lefdits Bureaux, qui feront préfidés par lui lorfqu'il y entrera.

§. I I I.
De l'Affemblée.

TOUT ce qui eft relatif aux rangs & aux féances, a été prefcrit par le Règlement de formation.

Il n'y aura nulle diftinction entre les Membres choifis par le Roi & ceux nommés par l'Affemblée préliminaire.

Ainfi les rangs, pour les Seigneurs laïcs, ne feront réglés dans la prochaine Affemblée que fuivant leur âge, leur admiffion étant cenfée de la même époque, c'eft-à-dire, du jour de la convocation de l'Affemblée complète.

Sa Majefté a ordonné que pour le Tiers-état, les féances feroient fuivant l'ordre des Communautés, qui feroit déterminé d'après leur contribution.

Nul Membre du Tiers-état ne pourra être regardé comme repréfentant une Ville où il y a un Corps municipal, s'il n'eft lui-même un des Officiers municipaux.

S'il fe trouvoit à l'Affemblée deux Députés du Tiers-état demeurans habituellement dans une même Ville, celui-là feul pourra repréfenter fa Ville, qui fera Officier municipal; l'autre ne pourra repréſenter que la Communauté villageoiſe dans laquelle il aura des propriétés.

Si l'un ni l'autre n'eſt un des Officiers municipaux, ils ne pourront prendre rang à raiſon de la contribution de la Ville où ils demeurent, mais à raiſon de la contribution des Communautés où ils poſſéderont des biens.

A l'ouverture de ſes Séances, l'Aſſemblée aſſiſtera à une Meſſe du Saint-Eſprit.

Les deux frères, le père & le fils, le beaupère & le gendre, ne pourront à l'avenir être élus à-la-fois Membres de l'Aſſemblée.

Sa Majeſté autoriſe la prochaine Aſſemblée à remplacer, pour ſe compléter, ceux des Députés nommés, ſoit par Sa Majeſté, ſoit par l'Aſſemblée préliminaire, qui ſeroient morts depuis, ou qui n'auroient point accepté; mais toutes les nominations ultérieures ſeront faites par les Aſſemblées d'élection dont les Bureaux intermédiaires ſeront en conſéquence prévenus par la Commiſſion intermédiaire provinciale, huit jours avant la convocation deſdites Aſſemblées, des remplacemens auxquels elles auront à pourvoir.

Il ſera formé, dans les deux premiers jours de l'Aſſemblée, des Bureaux particuliers chargés de rédiger & préparer les objets ſur leſquels il devra être délibéré.

Le Préſident propoſera à l'Aſſemblée, la compoſition des Bureaux, & y diſtribuera tous les

Membres de l'Affemblée, en fuivant, autant que faire fe pourra, les proportions établies dans la compofition de l'Affemblée.

Il y aura quatre Bureaux : l'un fera le Bureau de l'impôt ; le fecond, celui des fonds & de la comptabilité ; le troifième, celui des travaux publics ; le quatrième, celui de l'agriculture, du commerce & du bien public. Outre ces quatre Bureaux, s'il étoit queftion d'examiner & de dif-cuter une affaire très-importante, elle pourra être confiée à une Commiffion particulière.

Il fera auffi formé une Commiffion particulière pour la vifite du Greffe & des Archives, & nommé des Commiffaires pour la rédaction & la révifion du Procès-verbal.

Les délibérations de l'Affemblée pour fon ré-gime intérieur, feront exécutées provifoirement ; mais nulle délibération à exécuter hors de l'Af-femblée, n'aura d'effet qu'elle n'ait été fpéciale-ment approuvée par Sa Majefté.

Aucun Député ne pourra perfonnellement pro-pofer à l'Affemblée un nouvel objet de délibéra-tion, étranger à ceux qui feroient alors difcutés, ni lire aucun Mémoire qu'il n'en ait préalablement prévenu M. le Préfident, & n'ait communiqué fa propofition ou fon mémoire à celui des Bureaux de l'Affemblée qui fe trouvera chargé des objets auxquels feroit analogue la propofition ou le mémoire dudit Député.

Les Procès-verbaux de l'Affemblée pourront être livrés à l'impreffion, à fur & à mefure de fes féances, & ne feront rendus publics que quinze jours après celui de la clôture.

§. IV.

De la Commiffion intermédiaire.

APRÈS la féparation de l'Affemblée, la Commiffion intermédiaire rentrera en activité.

Elle feule repréfente l'Affemblée, & a un caractère public à cet effet.

Le Préfident de l'Affemblée eft auffi le Préfident de la Commiffion intermédiaire ; mais dans ce fens qu'il en eft le premier Membre, faifant corps avec elle, & n'ayant fur elle aucune fupériorité.

En conféquence, la correfpondance miniftérielle & celle dans l'intérieur de la Province, après la féparation de l'Affemblée, fe tiendront toujours avec & par la Commiffion intermédiaire.

L'abfence du Préfident, comme celle de tout autre Membre, ne changera rien à la forme de la correfpondance.

Sur les objets importans, le Préfident pourra écrire particulièrement aux Miniftres du Roi, pour appuyer & développer les avis de la Commiffion intermédiaire ; mais la lettre feule de la Commiffion intermédiaire fera la dépêche officielle.

Après le protocole d'ufage pour les différentes

personnes auxquelles elle écrira, la Commiffion intermédiaire terminera ainfi fes lettres :

Vos très- . . . . . . *ferviteurs* ,

les Députés compofant la
Commiffion intermédiaire.

Enfuite tous les Membres préfens , & les Pro-cureurs-fyndics, figneront.

Toutes les adjudications , les mandats de paye-mens , & autres actes émanés de la Commiffion intermédiaire , feront fignés dans la même forme , c'eft-à-dire , qu'il fera mis au bas : *par les Députés compofant la Commiffion intermédiaire de la généra-lité d'Auch.* Enfuite tous les Membres figneront.

Les Officiers du Bureau des Finances & des Élections , pourront être Membres de l'Affemblée provinciale ou des Affemblées d'Élection , comme tous les autres Propriétaires ; mais ils ne pourront à l'avenir être élus Membres de la Commiffion ou d'aucun Bureau intermédiaire , attendu les fonc-tions qui leur font impofées par la nature de leurs charges & par les Règlemens.

Confirme néanmoins Sa Majefté , pour cette fois feulement & fans tirer à conféquence , les nominations qui auroient pu être faites par les Affemblées préliminaires provinciales ou d'Élec-tion , de quelques Membres du Bureau des Fi-nances ou des Élections , pour la compofition de la Commiffion ou des Bureaux intermédiaires : mais ces Officiers ne pourront être continués ni remplacés par d'autres Membres des mêmes Tri-

bunaux, lors des renouvellemens ultérieurs des
nominations, pour lesdites Commission & Bureaux
intermédiaires.

§. V.

Des Procureurs-Syndics.

POUR être Procureur-syndic pour la Noblesse
& le Clergé, il ne sera pas nécessaire qu'un Gentil-
homme qui auroit des titres à cette place soit
Seigneur de paroisse, il suffira qu'il soit proprié-
taire d'un fief dans la Province.

Les Procureurs-syndics prendront séance dans
l'Assemblée, à un bureau placé au milieu de
l'Assemblée.

Les Procureurs-syndics feront remettre chaque
jour au Commissaire du Roi, à la fin de chaque
séance, une notice succincte & uniquement énon-
ciative des objets qui auront été discutés ou déli-
bérés dans l'Assemblée, pour que le Commissaire
de Sa Majesté soit assuré qu'il ne s'y traite aucune
matière étrangère aux objets dont elle doit s'occuper.

Lorsqu'un rapport aura été lu & délibéré dans
un Bureau, avant qu'il en soit fait lecture à l'Assemblée, les Procureurs-syndics feront appelés à
ce Bureau pour en prendre communication &
donner sur ledit Mémoire leurs observations s'il
y a lieu, soit verbalement, soit par écrit, tant
au Bureau qu'à l'Assemblée.

Ils n'auront point voix délibérative dans l'Assemblée.

Mais, attendu que la Commiffion intermédiaire doit toujours fuivre ponctuellement l'exécution des délibérations de l'Affemblée, approuvées par Sa Majefté, & que les Procureurs-fyndics doivent y concourir, lefdits Procureurs-fyndics auront voix délibérative dans la Commiffion intermédiaire; ils n'auront à eux deux qu'une feule voix qui fera prépondérante en cas de partage. Si leurs opinions différent, leurs voix fe détruiront & ne feront point comptées; & dans le cas où les autres voix feroient partagées, celle du Préfident aura la prépondérance.

Les Procureurs-fyndics écriront, en nom collectif, fur tous les objets de correfpondance qu'ils devront fuivre; & après avoir énoncé leur qualité de *Procureurs-fyndics de la généralité de.........* ils figneront: fi un des Procureurs-fyndics étoit abfent, la lettre feroit toujours écrite en nom collectif, & un feul figneroit.

Ils ne pourront intervenir dans aucune affaire, fans une délibération de l'Affemblée ou de fa Commiffion intermédiaire, & n'agiront d'ailleurs fur aucun objet relatif à l'adminiftration de la Province, que de concert avec la Commiffion intermédiaire.

Ce qui vient d'être prefcrit pour les Procureurs-fyndics de l'Affemblée provinciale, fera également obfervé pour les Syndics des Affemblées d'Élection, en tout ce qui leur eft commun.

§. V I.

Affemblées d'Élection.

L E S Affemblées d'Élection fe tiendront dans le mois d'Octobre de chaque année.

Elles ne pourront durer plus de quinze jours : le jour précis de leur convocation fera fixé par le Préfident de l'Affemblée, qui fe concertera à ce fujet avec le Bureau intermédiaire.

Lorfque le jour en aura été arrêté, & ce jour ne pourra être indiqué plus tard que le 15 dudit mois d'Octobre, afin que toutes les Affem- blées d'Élection de la Généralité foient clofes & terminées le 30 du même mois au plus tard ; le Préfident en préviendra la Commiffion intermé- diaire provinciale un mois à l'avance, & aver- tira les Députés qui devront être convoqués, de l'époque précife de l'ouverture de l'Affem- blée, par une lettre fignée de lui.

Sa Majefté a jugé qu'il étoit indifpenfable que les Affemblées d'Élection évitaffent la dépenfe de l'impreffion de leurs Procès verbaux ; mais s'ils contiennent quelque rapport ou mémoire qui, par l'utilité de fes vues & le mérite de fa ré- daction, foit de nature à fixer l'attention de l'Affemblée provinciale & qui lui paroiffe mériter une diftinction particulière, l'Affemblée provin- ciale pourra délibérer de l'inférer dans fon Pro- cès verbal ou à la fuite ; & ce Mémoire fera alors imprimé avec le Procès verbal de l'Affemblée provinciale, dont il fera partie.

L'Affemblée d'Élection fera toujours former trois expéditions de fes Procès verbaux ; & ces trois expéditions feront adreffées par elle à la Commiffion intermédiaire provinciale, laquelle enverra la première, avec fes obfervations au fieur Contrôleur général des finances; la feconde au fieur Intendant & Commiffaire départi, & la troifième reftera dépofée dans les archives de l'Affemblée provinciale.

Les Affemblées d'Élection auront foin de fe conformer exactement aux délibérations de l'Affemblée provinciale, lorfqu'elles auront été approuvées par Sa Majefté, & elles fentiront que tout le bien qu'elles défireront procurer à leur diftrict ne pourra s'opérer que par un concert & une harmonie réciproque entr'elles & l'Affemblée fupérieure.

§. V I I.
Des Bureaux intermédiaires.

Les Bureaux intermédiaires des Affemblées d'Élection fe conformeront ponctuellement & littéralement à tout ce qui leur aura été prefcrit, tant par l'Affemblée d'Élection que par la Commiffion intermédiaire provinciale.

Comme les Affemblées d'Élection & leurs Bureaux intermédiaires font le lien réciqroque entre les Affemblées municipales & l'Affemblée provinciale, & entre l'Affemblée provinciale & les Affemblées municipales, il ne fera rien prefcrit ni fait aucune difpofition par la Commiffion intermédiaire provinciale à l'égard d'aucune Ville & Communauté ou d'aucuns Contribuables & Habitans d'une Élection quelconque , que par la voie du Bureau intermédiaire de ladite Élection , & qu'après que ledit Bureau intermédiaire aura été préalablement entendu.

Sa Majefté recommande en conféquence aux Bureaux intermédiaires de mettre la plus prompte exactitude & la plus grande célérité dans toutes leurs relations & leur correfpondance avec la Commiffion intermédiaire provinciale.

L'orfqu'un Bureau intermédiaire croira devoir faire imprimer quelques lettres circulaires , quelques états , & autres objets à adreffer aux Affemblées municipales , & dont les modèles ne lui auroient pas été donnés par la Commiffion intermédiaire provinciale , il les communiquera préalablement à ladite Commiffion intermédiaire , pour qu'elle foit toujours à portée de maintenir dans toute la Généralité l'unité des principes , des formes & des méthodes. Au furplus , ce qui a été prefcrit ci-deffus au §. IV de la Commiffion intermédiaire , fera auffi obfervé par les Bureaux intermédiaires , en tout ce qui leur eft applicable.

§. VIII.

De l'Examen des nominations pour les Affemblées Municipales , pour les Affemblées d'Élection , & pour l'Affemblée Provinciale.

LA volonté de Sa Majefté eft que les Syn-

dics des Affemblées d'Élection, & fubfidiaire-
ment les Procureurs-fyndics de l'Affemblée provinciale, donnent la plus grande attention à
l'examen de toutes les délibérations concernant
les nominations des Députés des Affemblées municipales & provoquent à l'avenir la réformation
de celles qui feroient irrégulières.

Sa Majefté défire cependant que, d'après les
tableaux qu'Elle a ordonné aux Affemblées d'É-
lection de faire former, l'Affemblée provinciale
examine s'il ne feroit pas convenable de mettre
dans le taux d'impofition qui avoit été fixé uni-
formément à *Dix* livres pour être admis dans
les Affemblées paroiffiales, & à *Trente* livres
dans les Affemblées municipales, quelques proportions relatives à l'état d'aifance ou de pauvreté
des Communautés des campagnes, qui réfulte
toujours ou de la nature du fol, ou du genre
de culture, ou enfin du plus ou moins d'in-
duftrie auquel fe livrent les habitans de ces
Communautés.

D'après les obfervations que préfenteront fur
cet objet les différentes Affemblées provinciales,
Sa Majefté fera connoître à cet égard fes intentions, avant le mois d'Octobre 1788.

A compter de cette époque, les Syndics des
Affemblées d'Élection donneront avis aux Procureurs-fyndics des irrégularités qu'ils auroient pu
remarquer dans les délibérations paroiffiales ou
les nominations qui y auroient été faites, & leur

enverront un Mémoire détaillé & signé d'eux, sur chaque nomination irrégulière.

Les Procureurs-syndics mettront lesdits Mémoires sous les yeux de la Commiſſion intermédiaire ou de l'Aſſemblée provinciale, qui y joindra ſes obſervations, & enverra le tout au Contrôleur général des finances, pour y être ſtatué ainſi qu'il appartiendra, ſur l'avis de M. l'Intendant.

Quant aux nominations irrégulières qui pourroient être faites, pour les Aſſemblées d'Élection par celles d'arrondiſſement, ou pour l'Aſſemblée provinciale par celles d'Élection, Sa Majeſté veut que la réformation en ſoit pourſuivie, par les Procureurs - syndics, au Conſeil qui y ſtatuera après avoir entendu les obſervations & l'avis de M. l'Intendant.

Mais les Procureurs-syndics informeront des diligences par eux faites, à cet effet, l'Aſſemblée d'Élection ou l'Aſſemblée provinciale, ſuivant l'élection pour l'une ou l'autre Aſſemblée, par eux argué d'irrégularité, afin que ladite Aſſemblée puiſſe, le jour même de l'ouverture de ſes Séances, délibérer s'il y aura lieu d'admettre proviſoirement, ou non, la perſonne dont la nomination ſera conteſtée.

Deuxième Partie.

DEUXIÈME PARTIE.

DES fonctions de différentes Assemblées, & de leurs relations avec M. l'Intendant.

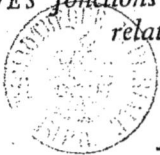

§. I.er

Assemblées Municipales.

EN soumettant par l'article I.er du Règlement du 5 Août, les Assemblées municipales, tant aux ordres qu'elles recevront au nom du Roi, par la voie de M. l'Intendant, qu'à ce qui leur seroit prescrit, soit par l'Assemblée provinciale, soit par l'Assemblée d'Élection, soit enfin par les Commission & Bureaux intermédiaires, Sa Majesté n'a point entendu que MM. les Intendans & les Assemblées provinciales ou celles d'Élection pussent indifféremment donner des ordres ou des instructions aux Assemblées municipales sur les mêmes objets, mais respectivement sur ceux qui leur seroient attribués.

Par l'article II, qui exclud de la répartition de la Taille les personnes qui ne sont point taillables, Sa Majesté n'a fait que rappeler ce qui est prescrit par tous les Règlemens en matière de Taille personnelle, & cet article n'est point applicable aux pays de Taille réelle.

L'intention de Sa Majesté est de diminuer le

nombre des rôles qui avoit été porté à cinq par l'article III ; mais à cet égard Sa Majesté suspendra sa détermination, & l'Assemblée provinciale reconnoîtra que par le vœu qu'elle sera dans le cas de présenter sur le mode de répartition des différentes natures d'impositions, elle peut procurer à la province une grande économie, en réunissant plusieurs de ces impositions dans un seul & même rôle, qui seroit seulement divisé en plusieurs colonnes. L'Assemblée provinciale remplira les intentions de Sa Majesté, en proposant le mode de répartition le plus juste & le moins dispendieux.

M. l'Intendant fera cependant connoître dès-à-présent à l'Assemblée provinciale, sur la répartition de la Capitation des Nobles privilégiés &c., que ce rôle au lieu d'être fait comme le prescrivoit l'article III, par chaque Assemblée municipale, le sera par le Bureau intermédiaire de chaque Élection, pour tous les Nobles privilégiés &c. compris dans son district, en le divisant toutefois par paroisses. Il sera fait de ce rôle deux expéditions, qui seront toutes deux remises à M. l'Intendant par la voie des Procureurs-syndics, pour être adressées au Conseil. Lorsque ce rôle y aura été arrêté, M. l'Intendant en renverra l'expédition en forme au Bureau intermédiaire, pareillement par la voie des Procureurs-syndics, pour qu'il soit déposé dans les archives, & rendra en même-temps exé-

cutoires les extraits de ce rôle qui lui auront
été envoyés par le Bureau intermédiaire, pour
chaque paroiffe ou communauté : ces extraits
feront enfuite adreffés par le Bureau intermédiaire à chaque Affemblée municipale, pour être
mis en recouvrement. Par ce moyen, le taux
uniforme réglé par l'Affemblée d'élection, recevra
plus facilement fon application ; la dépenfe de
la confection d'un rôle particulier fera épargnée
aux Affemblées municipales, & cependant chaque
contribuable demeurant dans une paroiffe, payera
fes impofitions dans la même paroiffe, felon les
intentions de Sa Majefté.

Le nombre des triples expéditions des rôles
qui avoient été prefcrites par l'article IV, fera
infiniment diminué, d'après ce que Sa Majefté
aura ftatué définitivement fur l'article III ; ainfi
le bien & l'économie à opérer fur cette difpofition, réfultera également du vœu qui fera
préfenté à Sa Majefté par l'Affemblée provinciale.

Les précautions indiquées par l'article V, ont
pour objet de prévenir les divertiffemens de deniers ; fi l'exécution peut en paroître difficile
dans les commencemens pour les petites paroiffes, elle s'établira fucceffivement par l'habitude
& les inftructions des Affemblées fupérieures, &
les avantages en font fi frappans pour tous les
Contribuables, que l'Affemblée provinciale ne négligera certainement aucuns moyens auprès des

Affemblées municipales pour affurer l'exacte ob-
fervation de ces vérifications.

A l'égard des réparations ou reconftructions
des nefs des Églifes ou des Presbitères, dont
il eft fait mention en l'article IX, lorfque ces
réparations feront demandées par l'Affemblée municipale de la paroiffe, elle s'adreffera à l'Affemblée ou Bureau intermédiaire d'Élection qui
nommera les Ingénieurs ou Sous-ingénieurs du
département, pour dreffer les devis & détails
eftimatifs.

Lorfque la demande fera formée par une
partie feulement des habitans, ou par le Curé
feul, le Mémoire fera préfenté au Bureau intermédiaire d'Élection, qui le fera communiquer à
l'Affemblée municipale. Si l'Affemblée municipale
confent aux reconftructions ou réparations demandées, le Bureau intermédiaire chargera l'Ingénieur de dreffer les devis. S'il y a contradiction
ou oppofition de la part de l'Affemblée municipale,
alors, dans le cas où l'affaire ne pourroit être
terminée par le Bureau intermédiaire par voie
de conciliation, elle deviendroit contentieufe,
& le Bureau intermédiaire renverroit les Parties
à fe pourvoir par-devant M. l'Intendant.

Avant fon jugement, M. l'Intendant pourra
nommer tel Expert qu'il jugera à propos, pour
conftater l'état des lieux, & éclairer fa religion;
mais fon jugement rendu, il commettra toujours

pour dreſſer les devis, l'Ingénieur du département.

Les Ingénieurs, Inſpecteurs & Sous-ingénieurs de la province, feront tous les devis dont ils feront chargés, ſans aucune rétribution particulière pour aucune de ces opérations ; ce qui tournera au ſoulagement des Communautés, ſauf à l'Aſſemblée provinciale à avoir égard, dans la fixation des traitemens de ces Ingénieurs & des gratifications qui feront par elle propoſées en leur faveur, au ſupplément de travail qui réſultera pour eux de ces nouvelles occupations.

L'article X fera exécuté ſelon ſa forme & teneur ; Sa Majeſté exhorte ſeulement l'Aſſemblée provinciale à compoſer dans la ville où eſt la réſidence de M. l'Intendant, un Conſeil de trois Avocats au plus, qui feront rétribués par la Province & choiſis par l'Aſſemblée provinciale. Les Avocats qui compoſeroient ce Conſeil, ne pourroient néanmoins être nommés par l'Aſſemblée que pour deux ans au plus, ſauf à les continuer pour deux autres années, & ainſi de ſuite s'il y avoit lieu, d'après le compte qui feroit rendu par la Commiſſion intermédiaire, de leur exactitude & de l'utilité de leur travail pour les Communautés de la Province.

Les Communautés d'habitans feroient tenues d'envoyer les pièces ou mémoires relatifs aux conteſtations dans leſquelles elles auroient intérêt, à la Commiffion intermédiaire provinciale, qui les feroit examiner par lefdits Avocats, & leur confultation remife enfuite à la Commiffion intermédiaire, fera par elle renvoyée auxdites Communautés d'habitans pour être jointe à la requête que ces Communautés pourroient alors préfenter à M. l'Intendant, pour obtenir de lui, s'il le jugeoit convenable, la permiffion de plaider. Les Communautés d'habitans feroient ainfi difpenfées de fe procurer la confultation d'aucun autre Avocat.

Par l'article XI, Sa Majefté avoit autorifé les Affemblées municipales à délibérer fur la fixation des traitemens de leurs Syndics & de leurs Greffiers ; mais Sa Majefté défire que l'Affemblée provinciale examine s'il ne feroit pas poffible de n'accorder aucun traitement fixe aux Syndics & Greffiers, fauf à leur allouer, à la fin de chaque année, les dépenfes qu'ils juftifieroient avoir faites pour l'intérêt de la Communauté.

§. I I.

Des Affemblées d'Élection.

LE ROI a ordonné, par l'article I.er qu'il ne feroit fait aucune levée de deniers qu'elle n'eût été préalablement ordonnée par fon Confeil, lorfque la dépenfe excéderoit Cinq cents livres, ou par le Commiffaire départi, lorfqu'elle feroit au-deffous de cette fomme.

Sa Majefté voulant concilier avec ce qu'Elle doit à fon autorité, les témoignages de confiance qu'Elle eft difpofée à accorder à fon Affemblée provinciale, veut bien confentir à ce que les dépenfes qui feroient inférieures à Cinq cents livres, foient impofées fur les Communautés, lorfqu'elles auront été approuvées par l'Affemblée provinciale, ou fa Commiffion intermédiaire, dont la délibération prife à cet effet fera vifée par M. l'Intendant; mais l'intention de Sa Majefté eft que, tous les fix mois, il foit adreffé au Confeil, par l'Affemblée provinciale, un projet d'Arrêt, à l'effet de valider lefdites impofitions.

En ordonnant par l'article V, que les Affemblées d'Élection fe conformeroient aux ordres qui leur feroient adreffées, foit au nom de Sa Majefté, foit par l'Affemblée provinciale, Sa Majefté n'a point entendu changer l'ordre de correfpondance qu'elle a établie. Ses intentions ne parviendront jamais à l'Affemblée d'Élection que par l'Affemblée provinciale; mais Elle a voulu faire connoître que les Affemblées d'Élection feroient tenues de fe conformer non-feulement à ce que Sa Majefté auroit expreffément ordonné, mais encore à ce que l'Affemblée provinciale auroit cru jufte & convenable de leur prefcrire, quand bien même elle n'y auroit point été précédemment autorifée par un ordre fpécial de Sa Majefté.

§. I I I.

De l'Affemblée Provinciale.

Toutes les dépenfes qui feront délibérées par l'Affemblée provinciale, conformément à l'article I.er ne feront point pour cela un objet d'impofition nouvelle, l'intention de Sa Majefté étant de remettre à la difpofition de l'Affemblée provinciale l'emploi des fonds déja impofés, appartenans à la Province, comme il fera ci-après expliqué. L'Affemblée provinciale n'auroit à propofer d'impofitions pour les dépenfes de la Province, au-delà de ces fonds, que dans le cas où ils ne lui paroîtroient pas fuffifans pour fubvenir aux befoins indifpenfables de la-dite Province.

§. I V.

Des fonctions refpectives de l'Intendant de la Province & de l'Affemblée Provinciale.

Les Commiffion & Bureaux intermédiaires ne pouvant prendre aucune délibération contraire à ce qui leur aura été prefcrit par les Affemblées qu'ils repréfentent, & celles qu'ils prendroient ne pouvant être relatives qu'à l'exécution de celles de l'Affemblée déjà connues du Confeil & de fon Commiffaire départi, ou à des dé-penfes de circonftances imprévues, pour lefquelles l'autorifation de Sa Majefté, fur l'avis du fieur Intendant, eft néceffaire, Sa Majefté difpenfe les Commiffion & Bureaux intermédiaires de l'exécution de l'article V.

Sa Majefté, en développant fes intentions fur l'exécution des articles VI & VII, veut que M. l'Intendant & l'Affembleé provinciale fe communiquent refpectivement tous les éclairciffemens dont ils auront réciproquement befoin pour le plus grand bien du fervice de Sa Majefté & celui de la Province ; n'entendant au furplus Sa Majefté interdire à l'Affemblée les obfervations qu'elle eftimera. utiles au bien de la Province, fur tous les objets précédemment autorifés qui n'auroient point encore reçu leur entière exécution.

Lorfque la Commiffion intermédiaire de l'Affemblée provinciale connoîtra plus particulièrement les objets d'adminiftration qu'elle aura à traiter, elle fera à portée de reconnoître en quoi confiftent les objets de correfpondance courante & habituelle qui doivent être adreffés au Confeil, pour la plus grande célérité du fervice, par la voie de M. l'Intendant.

Dans le cas où M. l'Intendant croiroit devoir préfenter au Confeil des obfervations dont la rédaction exigeroit quelque délai, il ne pourra, par ce motif, retarder l'envoi des dépêches qui lui auront été remifes par la Commiffion inter-

médiaire, fauf à annoncer les obfervations ultérieures qu'il fe propofera d'envoyer.

Pour réfumer, la correfpondance de forme
& celle qui a lieu chaque année, aux mêmes
époques, pour les opérations du département &
autres, aura lieu par la voie de M. l'Intendant.
La Commiffion intermédiaire répondra auffi à
toutes les lettres qui lui auront été écrites par
les Miniftres de Sa Majefté ou fes Intendans des
finances, par la voie de M. l'Intendant, finon
elle lui fera remettre des copies de fes répon-
fes. A l'égard de toutes les lettres qu'elle fera
dans le cas d'écrire la première, elle aura l'op-
tion de les adreffer directement, ou par la voie
de M. l'Intendant.

Relativement aux demandes formées par les
Contribuables en matière d'impofition & affaires
contentieufes, l'intention de Sa Majefté eft que
les quatorze premiers articles de la troifiéme
fection du Règlement du Confeil du 10 Mars 1785,
rendu pour la province de Haute-Guyenne, foient
provifoirement exécutés felon leur forme &
teneur. (a)

Dans le cas où il s'exécuteroit, ainfi que l'avoit
prévu l'article XI, des ouvrages, partie fur les
fonds du Roi, & partie fur les fonds de la Province, Sa Majefté a confidéré que la furveillance
de fon Commiffaire départi feroit plus utile au
bien de fon fervice, lorfque fon avis feroit pofté-

rieur à la délibération de la Commiſſion intermédiaire : en conſéquence, l'intention de Sa Majeſté eſt que ſon Commiſſaire déparci ne prenne point part aux délibérations qui ſeroient priſes par la Commiſſion intermédiaire ſur les ouvrages de ce genre ; mais qu'aucune de ces délibérations ne puiſſe avoir ſon effet qu'après avoir été homologuée par lui, s'il y a lieu ; & qu'enfin toutes les ordonnances de payement ſur les fonds du Roi ſoient par lui délivrées, & enſuite par lui renvoyées à la Commiſſion intermédiaire, pour être viſées par elle, & remiſes à l'Adjudicataire. A l'égard des payemens ſur les fonds de la Province, ils auront lieu comme il ſera expliqué ci-après à l'article des Ponts & Chauſſées.

Enfin, ſur les articles XIII & XIV, Sa Majeſté veut pareillement que les comptes ſoient examinés & vérifiés par la Commiſſion intermédiaire, à laquelle M. l'Intendant n'aſſiſtera point.

Troiſième Partie.

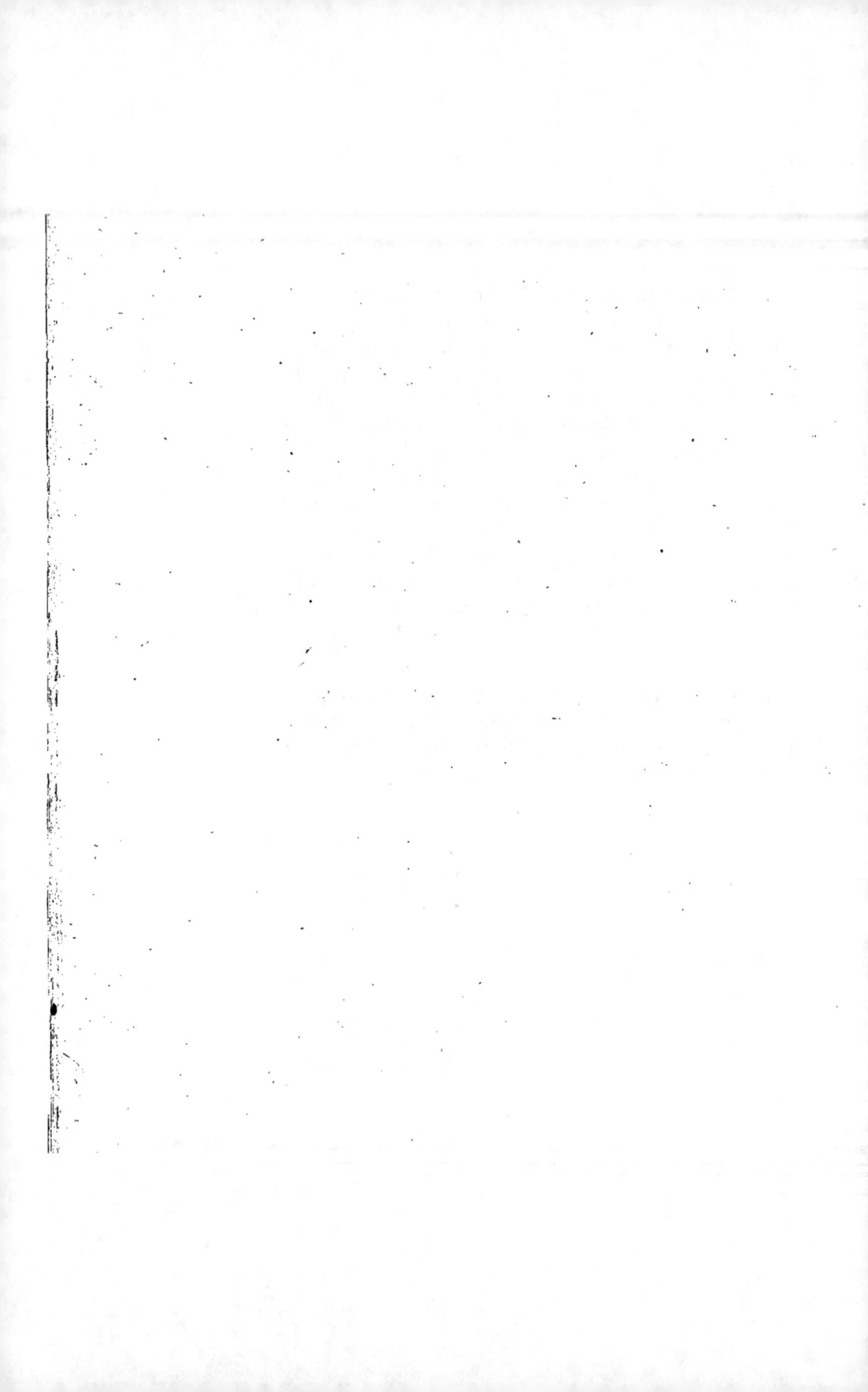

TROISIÈME PARTIE.

IMPOSITIONS ORDINAIRES.

L'INTENTION de Sa Majesté est que M. l'Intendant remette à l'Assemblée provinciale, 1°. Une copie du Brevet général de l'année prochaine 1788.

2°. Un Tableau contenant la distribution, par Élection de la Taille, des Impositions accessoires de la Taille & de la Capitation roturière, ce qui compose le montant des commissions expédiées pour les Impositions taillables ; & le montant, aussi par Élection de la Capitation des Nobles privilégiés, &c. pour laquelle il est formé des rôles qui sont arrêtés au Conseil ; duquel Tableau le total sera égal à celui des sommes portées au Brevet général.

3°. Une copie pour chaque Élection du département de 1788.

4°. Un état qui fera connoître le montant des fonds appartenans à la Province, pour la dépense des Ponts & Chaussées ; ledit état conforme à celui qui a été formé, en exécution de l'article I.er de l'Arrêt du 6 Novembre 1786.

5°. Un état des sommes imposées, avec les im-

A

positions acceffoires de la Taille, pour les dépenses à faire dans la Province, lesquelles fommes compofent le fonds connu fous la dénomination des *fonds variables*; dans lequel état feront diftinguées les dépenfes militaires & autres relatives au fervice de Sa Majefté, qui paroîtront devoir continuer d'être à la difpofition de M. l'Intendant.

6°. Un état des fonds qui font partie de la Capitation, & connus fous la dénomination des *fonds libres de la Capitation*; dans lefquels doivent pareillement être diftingués les frais de bureaux de l'Intendance, & autres dépenfes de ce genre qui devront continuer de dépendre de l'adminiftration de M. l'Intendant.

Si M. l'Intendant ne pouvoit remettre tous ces états à l'Affemblée à l'ouverture de fes féances, il les lui fera remettre dans les huit premiers jours de fa tenue.

D'après tous ces renfeignemens, l'Affemblée provinciale connoîtra la pofition de la Généralité fous le rapport des impofitions, & fera à portée de connoître les bafes actuelles de la répartition.

Elle recherchera les moyens de l'améliorer, fera les comparaifons qui lui paroîtront poffibles d'Élection à Élection, indiquera aux Affemblées d'Élection comment elles devront faire par elles-mêmes, où par leurs Bureaux intermédiaires, celles de paroiffe à paroiffe, pour perfectionner de plus en plus la répartition par la rectification du Tarif, fi elle eft jugée néceffaire.

Elle examinera pareillement l'objet de contraintes relatives au recouvrement, recherchera les moyens de les fimplifier ou de les adoucir, s'il y a lieu.

Enfin, elle ne négligera rien principalement en ce qui concerne la répartition des impofitions qui portent fur la claffe la moins aifée, pour feconder les vues dont Sa Majefté eft animée, pour qu'aucun de fes fujets ne paye dans une proportion plus forte que les autres Contribuables.

Quatrième Partie.

QUATRIÈME PARTIE.

VINGTIÈMES.

PAR fon Édit du mois de Septembre dernier, le Roi a ordonné la perception de l'impofition des Vingtièmes dans toutes les Provinces de fon Royaume, felon les véritables principes de cette impofition établie par l'Édit de mai 1749.

Par les difpofitions de l'Édit de 1749, tous les biens-fonds du Royaume avoient été foumis à cette impofition, fans aucune exception; les apanages des Princes & les domaines engagés y étoient affujettis. Ce n'eft que poftérieurement & par des actes particuliers d'adminiftration que la forme & l'affiette de l'impofition ont varié à l'égard d'une partie des Contribuables.

Les circonftances préfentes exigeant un fupplément de revenus, Sa Majefté a reconnu que l'impofition des Vingtièmes perçue d'une manière uniforme, offroit un moyen d'autant plus jufte de fe le procurer, que ce moyen ne fera que rétablir la proportion de l'impofition, à l'égard de ceux des Propriétaires qui ne l'acquittoient qu'incomplétement, fans qu'il en réfulte pour ceux qui payoient exactement les Vingtièmes & Quatre

A

fous pour livre du premier Vingtième de leurs revenus, aucune efpèce d'augmentation.

Ainfi, l'Édit du mois de Septembre ne contient réellement de difpofitions nouvelles que celles qui affujettiffent auffi à l'impofition des Vingtièmes le domaine même de la Couronne, & font ceffer les exceptions qui s'étoient introduites à l'égard de quelques Propriétaires ; & il ne contient rien d'ailleurs qui n'ait déjà été prefcrit par l'Édit de Mai 1749, & les Loix générales fubféquentes.

L'ordre à maintenir dans la rentrée des deniers royaux ne pouvant point permettre que l'arrêté des Rôles de l'année prochaine 1788, foit différé au-delà de l'époque ordinaire du premier Janvier, il n'eût pas été poffible, dans un intervalle de temps auffi court, de terminer, avec les déve-loppemens & détails néceffaires, une opération générale qui ne doit avoir rien de vague ni d'ar-bitraire. L'intention de Sa Majefté eft que tous les réfultats de ce travail portent fur des bafes que les Contribuables eux-mêmes ne puiffent défa-vouer ; Elle veut que la plus grande publicité démontre avec évidence, la jufteffe & la préci-fion des travaux qui feront faits en exécution de fes ordres.

Sa Majefté a donc ordonné que pour l'année 1788, les Rôles des Vingtièmes feroient faits provifoirement pour être mis en recouvrement

pendant les fix premiers mois feulement, dans
la proportion de moitié des cotes de 1787 ; en
fe réfervant de faire expédier, pour être mis en
recouvrement au 1.er Juillet 1788 , un Rôle
définitif , qui contiendra les cotes véritable-
ment proportionnées aux revenus effectifs des
biens qui y feront foumis, à la déduction des
fommes qui auront été provifoirement payées en
exécution du premier Rôle.

Les détails mis fous les yeux de Sa Majefté,
l'ayant convaincue que la forme de répartition
adoptée, quant à préfent, par le Clergé, pour
celle du Don gratuit, étoit avantageufe aux Curés
& Eccléfiaftiques pauvres, Sa Majefté a jugé de
fa fageffe de ne point ôter à ce premier Corps
de l'État fes formes anciennes ; mais Elle veut
que les revenus qui appartiennent au Clergé,
foient auffi portés fur les rôles des Vingtièmes,
afin que, quoique énoncés pour *mémoire* feulement, on puiffe cependant connoître la jufte proportion de ce que ces biens pourroient payer à
raifon de leurs revenus, par comparaifon avec
les autres propriétés foncières du Royaume, y
compris ceux du propre domaine de Sa Majefté.

C'eft par l'effet de ces mefures que fa fageffe
lui a infpirées, que le Roi trouvera, dans la
perception des Vingtièmes, les reffources qu'exi-
gent les circonftances ; mais l'intention de Sa

Majesté n'est pas de refuser à celles des provinces de son Royaume qui le desireroient, les avantages qu'elles pourroient apercevoir dans une fixation déterminée de cette imposition, après les avoir mises à portée de connoître elles-mêmes la juste proportion dans laquelle elles seroient dans le cas d'y contribuer.

Mais la faveur d'un abonnement ne pourra être accordée qu'à celles dont les offres seroient relatives à leurs véritables facultés & correspondroient à la somme que le Roi retireroit de l'imposition, s'il jugeoit à propos de la faire percevoir en exécution de ses ordres.

Sa Majesté se portera d'autant plus volontiers à faire jouir les provinces de son Royaume de cette faveur, que par l'effet de l'abonnement, les recherches qui seroient nécessaires, n'auroient plus alors pour objet une augmentation de recette pour son Trésor royal, mais simplement une justice plus exacte dans l'assiette de l'impôt ; ce qui adouciroit aux yeux des Contribuables ces mêmes recherches indispensables pour atteindre le but proposé.

Pour connoître quelle seroit la proportion dans laquelle chaque Province seroit tenue de contribuer aux produits de l'impôt, Sa Majesté s'est fait remettre, 1°. l'état des Rôles de 1756 ; 2°. celui des Rôles de 1787 ; 3°. des états parti-

culiers des travaux faits par l'adminiſtration des
Vingtièmes, & d'après leſquels les augmentations
fucceſſives ont été opérées.

L'examen de ces différens états a mis Sa Majeſté
à portée de juger, par le produit des travaux
faits, de celui qu'il étoit poſſible d'eſpérer par
l'effet des travaux qui reſtent à faire ; & les calculs
les plus exacts, mais les plus modérés, ont fait
connoître la quotité de la ſomme qui doit être
acquittée par chaque Province, & qui doit être
le prix de ſon abonnement.

D'après tous ces détails, M. l'Intendant fera
connoître à l'Aſſemblée provinciale que les
Vingtièmes de la généralité d'Auch, perçus au
profit de Sa Majeſté, ont été eſtimés devoir pro-
duire au moins la ſomme d'un million trois cents
vingt mille livres, ſauf à tenir compte à la Province de celle de deux cents ſoixante mille livres,
qui a paru pouvoir être à la charge des biens
eccléſiaſtiques.

Si le vœu de l'Aſſemblée étoit de ſolliciter un
abonnement de pareille ſomme, & qu'elle eût
pris une délibération à cet effet, cette délibération ſera envoyée au Conſeil par le Préſident de
l'Aſſemblée ; & lorſque l'abonnement aura été
accordé par le Roi, M. l'Intendant donnera ordre
au Directeur des Vingtièmes, de remettre à
l'Aſſemblée tous les renſeignemens qui auront

fervi de bafe à la quotité de l'impofition, & de prendre les ordres de l'Affemblée, qui fera alors chargée de la répartition de la fomme à laquelle le Roi aura fixé l'abonnement.

En énonçant le vœu d'obtenir un abonnement, l'Affemblée provinciale pourra adreffer à Sa Majefté & à fon Confeil tels mémoires & calculs qu'elle croira devoir préfenter, à l'effet d'obtenir une modération fur la fomme annoncée ; & le Roi, d'après le Compte qui lui en fera rendu en fon Confeil, y aura tel égard que Sa Majefté jugera convenable ; mais l'intention de Sa Majefté eft que l'Affemblée remette un double defdites obfervations à M. l'Intendant, & qu'elle envoie fa délibération affez tôt pour que Sa Majefté puiffe lui faire connoître fes intentions défintives avant fa féparation.

Dans le cas où l'Affemblée ne fe détermineroit pas à demander au Roi l'abonnement des Vingtièmes, M. l'Intendant annoncera à l'Affemblée que Sa Majefté donnera les ordres néceffaires pour que les Rôles foient faits en la manière accoutumée, & il l'affurera d'ailleurs qu'il fera pris les précautions les plus pofitives, 1°. pour que les cotes qui auront été réglées par l'effet des vérifications générales faites avant 1787, ne puiffent être augmentées pendant la durée des vingt années poftérieures à celle dans laquelle chacune defdites

vérifications générales auroit été mife en recouvrement ; 2°. pour que les Propriétaires dont les
taxes fe trouveront dans le cas d'être augmentées,
ne foient en aucun cas expofés à payer au-delà
des deux Vingtièmes & Quatre fous pour livre
du premier, de leurs revenus effectifs, aux dé-
ductions portées par les Loix & Règlemens.

Cinquième Partie.

CINQUIÈME PARTIE.

PONTS ET CHAUSSÉES.

S A MAJESTÉ a déjà fait connoître, par son Édit du mois de Juin 1787, & par sa Déclaration du 27 du même mois, que son intention étoit de confier dans chaque Province aux Assemblées provinciales, tout ce qui étoit relatif à la confection & entretien des Routes & autres ouvrages en dépendans, & qu'elles en fussent chargées, à compter de 1788.

Jusqu'à présent, dans les Provinces & Généralités où Sa Majesté vient d'établir des Assemblées provinciales, & même dans celles du Berry & de la Haute - Guyenne, la dépense des travaux des Routes avoit été regardée comme une dette commune qui devoit être acquittée par toute la Province, & répartie sur les Contribuables dans une proportion uniforme ; mais une des principales vues de Sa Majesté, seroit que désormais les Assemblées provinciales considérassent toujours les Routes à ouvrir, perfectionner & entretenir, sous le rapport de l'intérêt plus ou moins direct qu'ont à ces Routes les Communautés, les Élections ou la Province qui doivent en supporter la dépense.

De ce principe fondé en raison & justice, découleroient des distinctions également justes, pour la distribution du payement de la dépense entre les parties intéressées, suivant la mesure de l'intérêt qu'elles auroient à l'exécution de tel ou tel ouvrage.

Ainsi, par exemple, un chemin qui ne s'étend que sur le territoire d'une seule Ville ou d'une seule Communauté, & qui a uniquement pour objet de lui procurer une communication avec une Route plus importante pour le débouché de ses productions, doit être à la charge de cette Ville ou Communauté seulement.

Tel autre chemin intéresse quatre ou cinq Communautés, s'il traverse le territoire de ces quatre ou cinq Communautés, & est pour elles un débouché commun.

S'agit-il d'une Route qui traverse toute une Élection, Département ou District, dans une direction assez étendue pour qu'elle aboutisse à ses limites ; cette Route doit être considérée comme appartenant à toute l'Élection, Département ou District, puisque par ses embranchemens, elle doit vivifier la totalité ou une très-grande partie de son étendue.

Cette Route intéressera deux ou trois Élections, Départemens ou Diftricts, fi elle eft tellement dirigée qu'elle - ne foit utile qu'à ces deux ou trois Élections, Départemens ou Diftricts.

Enfin, dans toutes les autres fuppofitions, les Routes doivent appartenir à toute la Province.

Ces diftinctions étant ainfi pofées & bien établies, elles ferviroient, pour ainfi dire, de poids & de mefure pour régler la contribution à la dépenfe.

Ainfi une Communauté, dans la première des fuppofitions précédemment expliquées, ou quatre ou cinq Communautés, dans la feconde, payeroient à elles feules un chemin qui n'intéfefferoit qu'elles feules.

Dans le cas où une Route intéfefferoit toute une Élection, d'abord la Ville ou la Communauté où les quatre ou cinq Communautés fur le territoire defquelles s'exécuteroient les ouvrages, n'y contribueroient que jufqu'à concurrence de la fomme fixe qui feroit réglée pour chaque paroiffe, ou, ce qui feroit peut-être préférable, que jufqu'à concurrence d'une portion déterminée de leurs impofitions foncières, comme feroit le quart, le cinquième, le fixième, &c. ainfi que le propoferoient les Affemblées provinciales. Cette première contribution de la part de la Communauté ou des Communautés plus directement intéreſſées, étant ainſi prélevée ſur le montant de la dépenſe, le ſurplus ſeroit réparti ſur toute une Élection par un marc la livre uniforme ; & par l'effet de ce marc la livre général, les Communautés qui auroient déjà eu à fournir leur contingent particulier, contribueroient encore dans la répartition générale, mais d'une contribution infiniment plus foible.

Les mêmes règles, les mêmes formes ſeroient obſervées dans les autres cas, où une Route intéreſſeroit non-ſeulement une Élection, mais pluſieurs, ou bien non-ſeulement pluſieurs Élections, mais toute la Province.

Tout ce qui vient d'être expliqué pour les Chemins & les Routes, auroit ſon application pour les aqueducs, ponceaux, ponts, canaux, &c.

Enfin, ſi un pont ou une digue, ou un canal qui ſeroit entrepris dans une Province, avoit un caractère d'utilité qui pût faire regarder cet ouvrage comme intéreſſant pluſieurs Provinces ou tout le Royaume, & que la dépenſe en excédât une proportion quelconque déterminée par Sa Majeſté, d'après le montant des impoſitions foncières de la Province, Sa Majeſté conſentiroit, ſur la demande de l'Aſſemblée, à y contribuer pour le ſurplus.

Une dernière obſervation eſſentielle, c'eſt que, dans le cas où une Aſſemblée ſupérieure ſe chargeroit de fuppléer au contingent d'une Communauté inférieure, alors cette Affemblée fupérieure feroit chargée de la furveillance & direction de l'ouvrage, comme s'il étoit le fien propre.

Sa Majefté défire que l'Affemblée provinciale de la généralité d'Auch, convoquée par fes ordres, s'occupe de ces vues ; qu'elle avife aux moyens de les réalifer, & qu'elle en faffe l'objet de fes délibérations pendant la prochaine tenue. Sa Majefté fera examiner les délibérations qui feront prifes fur cet objet par l'Affemblée, & lui fera connoître fes intentions pour 1789.

Mais pour l'Année 1788, l'Affemblée provinciale s'occupera provifoirement de la confection des Routes & de tous les travaux y relatifs, fuivant l'ufage qui, dans les Affemblées provinciales déjà exiftantes en Berry & en Haute-Guyenne, mettoit tous les travaux quelconques à la charge de l'univerfalité de la Province, à la feule exception des dépenfes de Communautés purement locales : & pour que l'Affemblée provinciale puiffe fe mettre fur le champ en activité, conformément au régime du Berry & de la Haute-Guyenne, telles font les intentions de Sa Majefté.

1°. L'Affemblée provinciale où fa Commiffion intermédiaire, aura fous fes ordres immédiats, les Ingénieurs, Infpecteurs, Sous-ingénieurs & Élèves détachés des Ponts & Chauffées. Elle leur prefcrira ce qu'elle jugera convenable pour la rédaction des projets des travaux à exécuter, & pour la fuite & exécution de ces travaux ; elle rendra compte de leurs fervices, au Contrôleur général des Finances : enfin les gratifications qui devront leur être accordées, feront réglées fur fes propofitions.

2°. Indépendamment defdits Ingénieurs, Infpec-teurs, Sous - ingénieurs & Élèves, l'Affemblée provinciale pourra établir des Conducteurs ou Piqueurs à fa nomination, par-tout où elle le croira néceffaire, & elle pourra les deftituer, en cas de mécontentement.

3°. Les Ingénieurs feront chargés de la rédac-tion des projets de tous les ouvrages quelconques à exécuter dans la Généralité, dont la dépenfe devra être à la charge de ladite Province ou des Villes & Communautés.

4°. L'Affemblée provinciale fe fera remettre par l'Ingénieur en chef, pendant le cours de fes féances, une carte de la Généralité indicative des Départemens actuels de chaque Infpecteur ou Sous-ingénieur, des Routes entièrement finies & mifes à l'entretien, de celles qui font à per-fectionner, de celles récemment ouvertes ou feulement projetées, & enfin des ouvrages d'arts y relatifs. Elle fe fera d'ailleurs remettre tous les autres détails & renfeignemens néceffaires pour bien connoître la fituation actuelle de la Généra-lité fur l'objet des communications.

5°. L'Assemblée délibérera ensuite sur ceux des travaux qui devront être exécutés en l'année 1788, & réglera le nombre, la distribution & l'emplacement des ateliers qui seront divisés autant qu'elle le croira possible & convenable.

6°. L'Ingénieur en chef, ou les Inspecteurs & Sous-ingénieurs, d'après les instructions qu'il leur transmettra, s'occuperont en conséquence de rédiger avec tout le soin & la diligence possibles, les projets nécessaires. Tous ces projets rassemblés & examinés par l'Ingénieur en chef, seront par lui présentés à l'Assemblée provinciale ou à sa Commission intermédiaire, avant le 15 Décembre prochain.

7°. La Commission intermédiaire provinciale adressera tous ces projets, plans & devis, au Contrôleur général des Finances, avant le 15 Janvier 1788, pour être examinés au Conseil & approuvés dans la forme ordinaire.

8°. En conséquence, Sa Majesté recommande spécialement à l'Assemblée provinciale, convoquée par ses ordres, de s'occuper dès ses premières séances, de tout ce qui sera relatif à la forme de répartition, quotité & versement de la contribution des Chemins ; de considérer cet objet comme un des points les plus importans de ses délibérations, & de présenter à cet égard un vœu précis, pour l'année 1788.

9°. Lorfque, fur la délibération de l'Affemblée provinciale, le Roi aura fait connoître fes intentions & approuvé les projets, plans & devis, la Commiffion intermédiaire de l'Affemblée provinciale procédera par elle-même, ou par les Bureaux intermédiaires qu'elle aura délégués à cet effet, aux adjudications des travaux, dont les procès-verbaux feront enfuite tous réunis & dépofés au Greffe de la Commiffion intermédiaire.

10°. Les adjudications de travaux de chaque atelier, fe feront à celui ou à ceux qui feront la condition meilleure, à la charge par les Adjudicataires d'exécuter exactement les devis, fans s'en écarter, fous quelque prétexte que ce foit, de renoncer à toute forte d'indemnité, pour raifon des cas fortuits ou autre caufe, & de ne recevoir aucune fomme par forme d'avance ou à compte, que les travaux ne foient commencés.

11°. Nul ne pourra fe préfenter pour les travaux, ni même être admis à faire des offres, s'il n'eft reconnu capable & folvable, au jugement de la Commiffion intermédiaire, qui jugera pareillement de la folvabilité de fa Caution.

12°. Les adjudications feront annoncées quinze jours à l'avance, par des affiches ou publications dans les Paroiffes, afin que les Affemblées municipales prennent connoiffance des travaux des ateliers, que leurs Syndics foient à portée de les indiquer aux différens Entrepreneurs de leur canton, & de procurer ainſi, pour l'intérêt commun, les moyens d'obtenir les ſoumiſſions les plus avantageuſes. Les mêmes affiches indiqueront dans quel lieu les Entrepreneurs diſpoſés à ſe préſenter à l'adjudication, pourront prendre connoiſſance, au moins huit jours à l'avance, des devis & clauſes de ladite adjudication. Enfin les adjudications ſeront faites publiquement au jour indiqué.

13°. Le total des différens devis ne devant point s'élever au-delà du montant total de la ſomme à laquelle la contribution ſera fixée, l'intention de Sa Majeſté eſt que la prochaine Aſſemblée provinciale prévoie le cas où le rabais des adjudications, ſur le montant de l'eſtimation des devis, produiroit des revenant-bons, pour aviſer à la manière dont ſera appliqué l'objet deſdits rabais, ſoit en diminution du contingent des Communautés appelées à l'adjudication qui aura procuré ledit rabais, ſoit en ſupplément d'ouvrages dans la même année, à moins que ladite Aſſemblée ne juge plus convenable de tenir ces fonds en réſerve pour l'année ſuivante.

14°. Dans le cas où il y auroit néceſſité & utilité de faire quelques changemens dans l'exécution des devis, il en ſera rendu compte à la Commiſſion intermédiaire, par l'Ingénieur en chef, & aucun changement ne pourra être fait qu'en vertu des ordres par écrit de ladite Commiſſion intermédiaire.

15°. Les travaux feront fuivis par l'Ingénieur en chef de la Province & les Infpecteurs & Sous-ingénieurs, & à cet effet les divers ateliers par eux vifités, le plus fouvent qu'il fera poffible.

16°. Sa Majefté autorife la Commiffion intermédiaire provinciale à délivrer des mandats d'à compte au profit des Adjudicataires, jufqu'à concurrence des deux tiers pour les ouvrages d'arts, & des quatre cinquièmes pour les travaux des Routes.

17°. Les mandats d'à compte ne feront délivrés par la Commiffion intermédiaire, aux Adjudicataires, qu'à fur & à mefure de l'avancement des ouvrages, & lorfqu'elle fe fera affurée de leurs progrès, par les certificats de l'Ingénieur en chef ou des Sous-ingénieurs, ou enfin en leur abfence, des Conducteurs des ouvrages.

18°. Il fera procédé à la réception des ouvrages, par la Commiffion intermédiaire ou par les Bureaux intermédiaires qu'elle aura délégués à cet effet, au jour qui fera indiqué par elle ou par lefdits Bureaux intermédiaires. L'Ingénieur en chef ou les Sous-ingénieurs, fe tranfporteront à cet effet fur les Routes & y feront faire, aux frais des Entrepreneurs, en préfence de tels des Membres de la Commiffion ou des Bureaux intermédiaires, qui pourront être délégués à cet effet, les fondes qui feront néceffaires pour s'affurer de la bonne conftruction

& de la qualité des matériaux, conformément au devis. Lefdits Ingénieurs en drefferont leur rapport, pour mettre la Commiffion intermédiaire ou les Bureaux intermédiaires par elle délégués à cet effet, à portée de faire ladite réception, dont le procès verbal, pour chaque atelier, fera dépofé au Greffe de l'Affemblée provinciale.

19°. A fur & à mefure que lefdits procès verbaux feront clos & arrêtés, la Commiffion intermédiaire en enverra des extraits fignés d'elle à M. l'Intendant, avec un borderau détaillé des mandats d'à compte, par elle expédiés, jufqu'à concurrence des deux tiers ou des quatre cinquièmes. M. l'Intendant, fur le vu de ces deux pièces, expédiera pour chaque atelier une ordonnance finale par laquelle, validant les payemens d'à compte faits en vertu des mandats de la Commiffion intermédiaire, qu'il rappelera & détaillera dans fes ordonnances, il ordonnera le payement du dernier tiers ou du dernier cinquième qui reftera dû fur le prix de l'adjudication.

Ladite ordonnance finale pour chaque atelier, remife enfuite par M. l'Intendant à la Commiffion intermédiaire, fera vifée par elle & délivrée à l'Adjudicataire.

L'ASSEMBLÉE provinciale de la généralité d'Auch, après avoir entendu les intentions du Roi, fur les divers objets détaillés dans les inftruétions que Sa Majefté fait adreffer à fon Commiffaire, pour lui être notifiées, fentira qu'elle doit la plus vive reconnoiffance aux témoignages de confiance dont l'honore Sa Majefté en voulant bien être éclairée par fon ʒèle fur le foin qui lui eft le plus cher, celui d'améliorer de plus en plus le fort de fes peuples.

Animée du défir de feconder fes intentions pater-nelles, l'Affemblée ne perdra jamais de vue l'impor-tance & l'étendue des travaux qui doivent l'occuper; & jamais elle n'oubliera qu'elle s'eft impofé deux devoirs effentiels & facrés, en contraétant la double obligation de juftifier la confiance du Roi, & de répondre aux vœux & aux efpérances de fes Peuples.

A AUCH,

Chez J. P. DUPRAT, Imprimeur du Roi.

M. DCC. LXXXVII.

EXTRAIT DU RÈGLEMENT

RENDU

POUR LA PROVINCE DE HAUTE-GUYENNE,

Le 10 Mars 1785.

SECTION TROISIÈME.

ARTICLE PREMIER.

LEs demandes en décharge d'impofition pour caufe d'incendie, grêle, gelée, inondation, dommages caufés par le feu du Ciel & autres intempéries, perte de Beftiaux, nombreufe famille, infirmités, &c. ne feront faites qu'à la Commiffion intermédiaire.

Demandes en décharge d'impofition.

2.

LEs demandes pour caufe de divifion ou mutation de cote de Vingtièmes & pour doubles emplois, feront faites à la Commiffion intermédiaire.

Demandes relatives aux Vingtièmes.

3.

LORSQU'IL fe rencontrera, dans quelques Rôles, des cotes inconnues & inexigibles, les Collecteurs s'adrefferont de même à la Commiffion intermédiaire pour obtenir que ces non-valeurs leur foient allouées,

Non-valeurs.

4.

LA Commiffion intermédiaire, en ftatuant fur ces différentes demandes & autres dont les motifs feroient du même genre, aura égard à la nature, aux règles & aux principes de chacune des impofitions fur lefquelles les Contribuables pourront fe pourvoir.

Principes propres à chaque nature d'Impofition, obfervés.

A

5.

Dans quelle forme ces demandes rejetées.

LORSQUE la Commiffion intermédiaire ne croira pas devoir accueillir la demande en décharge, modération ou non-valeur, formée pour les caufes accidentelles ou momentanées ci-deffus indiquées, fur les fonds de la Capitation ou des Vingtièmes, elle répondra le Mémoire à elle préfenté, d'un délibéré portant *qu'il n'y a lieu à la décharge, modération ou non-valeur demandée, fauf au Suppliant à fe pourvoir au Confeil par voie d'Adminiftration.*

6.

Décharges ou modérations accordées.

DANS le cas, au contraire, ou la Commiffion intermédiaire aura eu égard aux repréfentations qui lui auront été faites, elle expédiera pour chaque Contribuable une Ordonnance de décharge ou modération, qu'elle adreffera au Receveur particulier des Finances.

7.

Forme à fuivre pour en profiter.

LES Procureurs-généraux-Syndics informeront le Contribuable qu'il lui a été accordé par la Commiffion intermédiaire, telle décharge ou telle modération, & qu'en conféquence il pourra profiter de cette Ordonnance en la quittançant, & en fe mettant en règle pour le payement du furplus qui lui refteroit encore à acquitter fur fon impofition, dans le délai de deux mois au plus tard, finon, ce délai paffé, que l'Ordonnance fera de nul effet. La même difpofition fera inférée dans le texte même de l'Ordonnance.

8.

Envoi des états de décharges aux Collecteurs.

LES Procureurs-généraux-Syndics informeront également les Collecteurs, de toutes les Ordonnances en décharges ou modérations, qui auront été accordées dans chaque Communauté, en leur faifant adreffer un état defdites Ordonnances. Les Collecteurs en tiendront compte aux Contribuables, & rapporteront aux Receveurs la quittance de chacun d'eux, avec l'avis qui leur aura été adreffé de la part de la Commiffion intermédiaire. Si le Contribuable ne fait pas écrire, il fera tenu de faire certifier, par la fignature du Curé ou du Vicaire, ou de deux principaux Habitans, qu'il lui a été tenu compte du montant de la décharge ou modération à lui accordée,

9.

Les Contribuables compris dans les Rôles de Capitation arrêtés au Confeil, pour les Nobles, Privilégiés, Officiers de Juftice & Employés des Fermes, qui croiront avoir à fe plaindre de la furtaxe de leurs cotes, s'adrefferont à la Commiffion intermédiaire. *Capitation noble.*

Demandes en furtaxe.

10.

Si ladite Commiffion ne trouve pas leurs repréfeutations fondées, elle répondra leur Requête d'un délibéré portant *qu'il n'y a lieu à la modération demandée pour prétendue caufe de furtaxe, fauf à fe pourvoir au Confeil.* *Comment les demandes rejetées.*

11.

Les Contribuables ainfi déboutés, qui voudront en effet fe pourvoir au Confeil, ne pourront le faire que par un fimple Mémoire ou Placet adreffé, foit au Contrôleur général des Finances, foit à l'Intendant au département des impofitions, ou enfin au Commiffaire départi, lequel, dans ce dernier cas, fera parvenir le Mémoire du Contribuable au Confeil avec fon avis & les obfervations de la Commiffion intermédiaire, qu'il fe fera procurées par les Procureurs-généraux-Syndics. Il fera enfuite ftatué fur le tout par le Confeil, ainfi qu'il appartiendra. *Formes pour fe pourvoir au Confeil.*

12.

Les Rôles de Capitation roturière continueront d'être faits fur les man¬ demens & fous l'infpeâion de la Commiffion intermédiaire ; mais ils ne feront mis en recouvrement, à compter de l'exercice 1785, qu'après avoir été vérifiés par ladite Commiffion intermédiaire, & rendus exécutoires par le fieur Intendant & Commiffaire départi, qui les fera enfuite parvenir direâement, pour plus de célérité, aux Receveurs particuliers de chaque Éleâion, en ayant foin toutefois d'informer la Commiffion intermédiaire du jour où il les leur aura adreffés. *Rôles de Capitation roturière.*

13.

Les Contribuables compris auxdits Rôles, qui fe croiront dans le cas de former une fimple demande en furtaxe, feront tenus de s'adreffer à la Com- miffion intermédiaire ; celle-ci, après s'être procuré les renfeignemens nécef- *Demandes en furtaxe, pour Capitation.*

faires & avoir entendu les Confuls, Aſſéeurs & Répartiteurs, pourra accorder la réduction qu'elle trouvera juſte. Si la demande ne lui paroît pas fondée, elle répondra alors la Requête d'un délibéré portant *qu'il n'y a lieu à la réduction, ſauf à ſe pourvoir au Conſeil* ; & en ce cas, les Contribuables déboutés pourront ſuivre l'une des formes indiquées par l'Article 11.

14.

Réclamation contentieuſe ſur la Capitation. QUANT à toutes les autres réclamations relatives à la cote même de la Capitation, qui inculperoient la bonne foi des Aſſéeurs & Répartiteurs, ou qui ſeroient fondées ſur quelque contravention au mandement, ou enfin qui pourroient donner lieu au contentieux, les Contribuables ſe pourvoiront devant le ſieur Intendant & Commiſſaire départi, qui prononcera contra-dictoirement, ainſi qu'il appartiendra, ſauf l'appel au Conſeil : Enjoint Sa Majeſté à la Commiſſion intermédiaire de renvoyer devant ledit ſieur Com-miſſaire départi, les plaignans qui, dans les cas exprimés par le préſent article & autres du même genre, ſe ſeroient pourvus devant elle.